Com a palavra

O ILUSTRADOR

Roberto Negreiros

Projeto editorial Mandacaru Design
Concepção e edição André Valente e Bebel Abreu
Textos e ilustrações deste volume Roberto Negreiros
Projeto gráfico e capa Manaira Abreu
Diagramação Fernanda Cruz
Luva e lettering do título Gustavo Borges
Revisão de texto Camilla Costa
Texto de apresentação Carlos Grassetti
Produção Letícia Marques

Dados Internacionais de Catalogação na Publicação (CIP)
(Câmara Brasileira do Livro, SP, Brasil)

Com a palavra, os ilustradores / histórias escritas e ilustradas por Roberto Negreiros, Ale Kalko e Orlando Pedroso ; [editores Bebel Abreu e André Valente]. -- 1. ed. -- São Paulo : Mandacaru, 2014. -- (Coleção Com a palavra, os ilustradores)

Obra em 3 v.
ISBN 978-85-68477-00-7 (coleção)

1. Crônicas brasileiras 2. Ilustradores

I. Negreiros, Roberto. II. Kalko, Ale. III. Pedroso, Orlando.
IV. Abreu, Bebel. V. Valente, André. VI. Série.
14-09843 CDD-869.93

Índices para catálogo sistemático:
1. Crônicas : Literatura brasileira 869.93

Leia também os volumes com histórias de Ale Kalko e Orlando Pedroso.

Mandacaru Design
Rua Lisboa, 488 /conj. 112 - Pinheiros
05413-000 São Paulo - SP
contato@mandacarudesign.com.br
www.mandacarudesign.com.br

Distribuição
Zarabatana Books
falecom@zarabatana.com.br
www.zarabatana.com.br

Projeto realizado com o apoio do ProAC

São Paulo, 2014

Com a palavra

O ILUSTRADOR

Roberto Negreiros

mandacaru

sumário

9 Tia Namí e o urso

13 Artista egípcio

15 Minha babá era uma TV

19 Meu tio Ruy

21 Pipo, o barbeiro

25 Largo do Maranhão

27 Seu Cerruci

30 O alfaiate

32 O pêndulo

35 O jacaré empalhado da 1/2 vizinha

41 Bicicleta

43 O parquinho

47 Dona Dinda

49 Tia Nicota

53 Cine São Jorge

58 Externato Paulista

61 Festas de aniversário

Trabalho geralmente é assim: as pessoas de texto falam pelos cotovelos e brigam com quem diagrama. Quem administra não pode se calar e levanta a voz até contra quem está ao telefone. Quem toma decisões discute com todos. A pessoa em silêncio geralmente é o ilustrador.

Nem todo ilustrador é tímido e introspectivo, mas todos têm dentro de si uma câmera registrando o que acontece ao seu redor. Quando o drama e a comédia de estar vivo se revelam, a pessoa que silenciosamente registra cada nuance e movimento geralmente é o ilustrador.

Isso até o momento em que você tem o prazer e a sorte de encontrar um ilustrador de folga, geralmente num bar. Dê um pouco de corda e ele deixa de ser uma câmera pra se tornar um projetor. Revelam-se histórias do ponto de vista de quem vive de medir de cima a baixo o ser humano — e nesse momento, ai de quem quiser fazê-lo se calar.

Estava mais que na hora de dar a palavra a quem, geralmente, está quieto demais criando imagens. Esperamos que você se divirta tanto quanto nós, que já tivemos o prazer e a sorte de acompanhar estes ilustradores em alguns de seus raros dias de folga.

Bebel Abreu e André Valente
Editores

Tia Namí e o urso

Ainda tenho um ursinho marrom de pelúcia que me foi dado de presente com apenas dois dias de vida, por um amigo da família. Passados todos esses anos, é natural que o tempo tenha deixado suas inevitáveis marcas: ambos perdemos alguns pelos, mas os que dele sobraram, continuam marrons. Esse ursinho nunca teve um nome, como Teddy, derivado do Theodore Roosevelt, o lendário presidente americano.

Quando nasci, o presidente do Brasil tinha acabado de se matar e naquele momento não ficava bem batizar um urso de pelúcia com o nome de um presidente suicida. E convenhamos: se eu fosse um urso de pelúcia, também teria me matado, se me fosse dado o nome de Getúlio!

Por falar em nomes, este amigo da família tinha um, parecido com o meu — Alberto — sempre precedido de um respeitoso "seu": Seu Alberto. Um homem alto, claro, muito educado, de fala mansa e cabelinho branco e curto dividido ao meio, como se ele vivesse equilibrando um *pocket-book* aberto sobre a cabeça.

Era muito próximo da família por uma razão simples e romântica, como toda razão deveria ser: nutria uma paixão sacerdotal, franca, desenfreada, mas não correspondida por uma tia minha, a tia Namí. Tia Namí, por sua vez, tampouco correspondia a algum padrão estético de beleza feminina daquela ou de qualquer outra época que pudesse explicar ou justificar a paixão que ela causava aos homens que lhe cruzassem o caminho.

Era uma mulher baixinha, roliça, risonha e amorosa que tinha um involuntário poder de encantar os homens por onde quer que fosse, desde sempre. Uma vez ela foi ao circo ver o espetáculo com as irmãs, e o equilibrista se apaixonou assim que a viu na arquibancada. Queria que fosse embora com ele mas meu avô, mais equilibrado, não permitiu. Seu único marido, vitimado pelos seus insondáveis encantos, a raptou da casa dos pais, num arrebatado gesto romântico para se casarem à revelia deles.

E o pobre do Seu Alberto resignou-se ao posto de amigo próximo e vitalício, admirador devoto, platônico, solícito, para estar dela o mais próximo possível.

Graças a isto ganhei meu urso, no quarto da maternidade, debaixo do braço do Seu Alberto. Ambos estavam ensopados: seu Alberto, pela polícia que estava usando jatos d'água para conter os manifestantes nas ruas após a morte do Getúlio, e o urso, pelo suor do seu sovaco.

Artista egípcio

Minha mãe me amamentava na cozinha do apartamento, no andar de cima da farmácia do meu pai, que só emergia dali na hora do almoço e à noite, no fim do expediente. Ela era filha única mas, em compensação, meu pai tinha onze irmãos. Onze cunhadas e cunhados que iam e vinham aos cardumes, ao longo do dia, subindo e descendo a longa escada de acesso, como salmões em plena desova, nadando cascata acima. Imagino que minha mãe, às vezes, sonhava que o meu urso marrom (que ganhei do Seu Alberto) fosse de verdade, um enorme pardo faminto e ficasse no topo da escada abocanhando alguns tios, para um momento de sossego que fosse...

Voltando à cena: minha mãe me amamentava na cozinha quando chega minha tia Nicota, acompanhada de uma amiga, para um café. Essa amiga da minha tia, assim que me viu no aconchego dos fartos seios maternos, se aproximou lentamente e disse:

— A senhora sabia que tem nos braços um grande artista egípcio da Antiguidade?

É tudo que sei deste episódio. Acabou aí. O que vem em seguida é pura conjectura minha.

Depois do que esta mulher lhe falou, minha mãe pode ter:

a) Desconsiderado o comentário;
b) Achado que não ouviu direito, com o barulho que eu estava fazendo no bico do seu seio;
c) Pensado que seu filho puxou à família paterna: uma múmia!
d) Relembrado as horas de trabalho de parto, que duraram 3.000 anos;
e) Ficado contrariada porque sonhava que seu filho fosse médico ou advogado, mesmo em vidas passadas.

Fato é que, ainda em tenra idade, comecei a revelar tendências artísticas com o que quer que me caísse em mãos: giz, carvão, cocô... este último, segundo contam, o que mais me agradava ao paladar.

Minha babá era uma TV

Apesar de eu e a TV termos praticamente a mesma idade, posso dizer com segurança que não poderia ter tido uma babá melhor que ela, e só lamento que, comparada aos aparelhos de hoje em dia, de tamanho cada vez mais inversamente proporcional ao seu conteúdo, estou em bem melhor forma.

Minha mãe me colocava em um cadeirão diante dela e ligava um no outro: sintonizava um canal em que estivessem passando desenhos animados e eu ficava ali, de olhos arregalados, maravilhado com as formas, os sons e os movimentos, organizando meu universo cognitivo enquanto ela ia cuidar dos seus inglórios e vitalícios afazeres domésticos.

Fico imaginando o que minha "mãe egípcia" fazia comigo nesta mesma idade, na Antiguidade, quando ainda não havia TV... Será que ela me colocava em frente a um paredão coberto de hieróglifos e ia ao mercado com uma lista de compras num papiro?

Relembrando agora, estava diante de mim, senão toda, boa parte da história do desenho animado: da fase muda dos estúdios de Disney, Paul Terry, Van Beuren, Fletcher, até a vanguarda UPA, dissidentes da velha escola, com *Mr. Magoo.*

Isso tudo muito bem embalado com deliciosas trilhas sonoras que despertaram minha paixão por jazz dos anos 1920 e 1930. Mesmo que eu não tivesse esta vocação inata por desenho, acho que uma imersão diária como esta despertaria interesse até num peixe, se ele pudesse segurar um pedaço de giz com suas nadadeiras.

Meu tio Ruy

De todos os tios, Ruy era o meu mais querido, o mais velho e mais sábio, o mais divertido e amoroso. Minha mãe conta que assim que ele chegava na farmácia, subia as escadas e entrava no berço, com sapato e tudo, para brincar comigo.

Imberbe como um genuíno caboclo, todos os pelos que ele deveria ter no corpo se concentravam nas suas enormes orelhas! Pelo menos uma vez por semana ele pegava uma pinça, sentava ao pé da escada e me chamava para tirar os pelinhos que ele próprio não conseguia, graças a minha visão 20 x 20. Fosse hoje, eu mal conseguiria enxergar suas orelhas...

Como "oficial arrancador de pelos de orelhas", o cargo me propiciava deliciosas visitas à *bombonière* ou a uma banca de revistas, a ponto de começar a salivar toda vez que eu respondia ao seu chamado, com uma pinça nas mãos.

Assim como eu, tio Ruy também adorava comédias pastelão e era capaz de largar a farmácia — como costumavam dizer — "apinhada de gente" no balcão para ser atendida ao ouvir o prefixo musical dos Três Patetas!

Ele me ensinou a jogar cartas, a pescar, a contar piadas, a cultivar amizades, enfim, tudo o que meu pai não fez, porque estava ocupado demais trabalhando enquanto Ruy... estava fazendo as vezes dele. E vice-versa! Da minha parte, afinal de contas e apesar de tudo, não tenho nada a reclamar de nenhum dos dois... muito pelo contrário!

Pipo, o barbeiro

Pipo era o barbeiro cujo salão, o único nas redondezas, todos os homens frequentavam, por absoluta falta de opção. Sua figura era, por si só, uma vitrine ambulante do seu negócio, por onde quer que fosse: seu cabelo e bigode, de tão milimetricamente aparados, retintos e colados à pele, pareciam desenhados a nanquim, compasso e tira-linhas.

Com um forte sotaque italiano, poucos entendiam o que ele dizia e vice-versa: quase ninguém saía do salão plenamente satisfeito com as inúteis recomendações de corte. Ele gostava de "fazer o pé" da nuca com uma navalha enorme que, comparada à sua (pouca) estatura, parecia um bumerangue. Alinhava o fio numa cinta grossa de couro pendurada na cadeira

que subia e descia ao toque de um pedal e que, por causa de sua baixa estatura, mais descia que subia. De uma hora para outra, fez as malas e migrou para NY, chamado pelo irmão lá naturalizado, e nunca mais pôs, ou "fez", os pés por estas bandas.

Pipo me colocava sentado em uma tábua apoiada nos braços da cadeira para passar a máquina zero e salientar ainda mais minhas enormes orelhas, que eram motivo de piada entre meus primos mais velhos... e menos engraçadinhos do que supunham ser!

Todos os meninos daquela época tinham o cabelo cortado assim, mas só eu ficava com cara de açucareiro! Meu primo Lilo, por exemplo, parecia um bule, mas isso não vem ao caso e nem tem nada a ver com as orelhas...

Largo do Maranhão

O largo São José do Maranhão era uma grande praça arborizada com uma igreja ao centro, que dava nome a tudo o que estava ao seu redor: até a farmácia se chamava São José do Maranhão. Quando começaram a construir uma igreja maior, não demoliram a antiga, sob pena de ficarem sem um templo. Assim, começaram a construir a nova em torno da antiga, que foi aos poucos, sendo engolida inteira, e durante muito tempo era possível ver pelo lado de fora uma igreja dentro de outra, como aquelas bonequinhas russas.

Do pároco, o padre Luiz, nossa família era das poucas que gostavam. Não frequentávamos a sua igreja, e nem ele a nossa casa, e nos dávamos todos muitíssimo bem. Mais tarde soubemos que ele recuperou o juízo e largou a batina. Foi ser só Luiz: casou-se e tudo! E a nossa paróquia recebeu outro, o padre Ignácio, que era uma mortadela de batina: rotundo, fedido e indigesto, e isto encerrou para sempre nossas já precárias relações com a Igreja.

Não fossem os alto-falantes que ele mandou instalar nas palmeiras em frente à Igreja para chamar seu rebanho provavelmente surdo para a missa das 7 — quando viu minha tia Cida, em pijamas de bolinhas, reclamando do barulho —, ele jamais teria tido um único contato com a minha família.

Seu Cerruci

Seu Cerruci (fala-se Ceruchi) era o sapateiro do bairro. A sua pequena oficina era um banquete olfativo de fumo de cachimbo, cera, couro, bolor e chulé. Já nossa visão, comprometida pela pouca luz, era poupada da revelação da mais caótica das desordens: pilhas e pilhas de sapatos amontoados, sem pares, como no Museu do Holocausto.

Ele era um homem enorme e estava sempre sentado num banquinho minúsculo, usando um avental encardido que deve ter passado as duas Grandes Guerras em trincheiras. As mulheres de pés grandes adoravam levar seus sapatos lá para consertar: nas mãos dele, elas sempre pareciam usar três números a menos. Quando ele se levantava do banquinho para

atender um freguês, parecia que sua silhueta não iria mais parar de subir, a ponto de perfurar o teto e deixar entrar um pouco de sol naquela oficina escura, para revelar a bagunça em todo o seu esplendor. A única prateleira organizada era a do alto, reservada para os caríssimos sapatos de cromo alemão, provavelmente deixados lá por algum ricaço incauto.

Seu Cerruci ainda usava um par de óculos de lentes grossas, cor de âmbar, mas fazia-se valer mesmo da sua extraordinária memória fotográfica para rejuntar os pares de sapatos. Não perdidos — como ele mesmo atenuava —, mas, sim, momentaneamente separados para reparos ou para serem engraxados.

Não preenchia fichas, recibos, nada. As pessoas deixavam seus sapatos lá, confiando nas memórias um do outro. Também não cumpria prazos, porque ele não dava prazos. Minha mãe deixou um par de sapatos meus uma vez para fazer meia-sola e ele demorou tanto que quando ficou pronto já não mais me servia...

O alfaiate

Havia também uma alfaiataria no largo que tinha um par de vitrines com vidros arredondados, em estilo *art dèco*, que tinham o estranho poder de atrair bolas de futebol, por mais distante que a molecada estivesse jogando. O alfaiate a gente só via quando ele saía dali de dentro, pisando sobre os estilhados de vidro, para tomar satisfações e cobrar os reparos. Surpreendentemente, pegada à alfaiataria, a vitrine da *bombonière*, cheia de torrones, alcaçuz, jujubas e marzipãs, tinha um poder contrário: o de repelir, suspeitosamente, as mesmas bolas de futebol, por mais perto que estivéssemos dela jogando.

Convenhamos: o que um alfaiate poderia usar como suborno persuasivo a um bando de moleques de nariz escorrendo e fedendo a bife? Um corte de casimira inglesa?

O pêndulo

Outro tipo exótico que aparecia de vez em quando era um senhor idoso, de modos aristocráticos, escritor de livros juvenis. Ele estava sempre de terno de linho cru, chapéu panamá, colete e bengala. Ele também tinha uma mania: um pêndulo de cristal numa corrente, que içava do bolso do colete e mantinha suspenso acima de tudo e qualquer coisa, afim de detectar se as “ondas magnéticas” daquilo eram positivas ou negativas. Se o pêndulo girasse da direita para a esquerda, eram positivas; do contrário, o oposto.

Tio Ruy era o “pai da calma” e poucas coisas o tiravam do sério, além daquela mania. Se uma moça, que estivesse “ficando mocinha”, fosse comprar, morta de vergonha, um pacote de Modess, o velho pedia licença (como se ela já não estivesse constrangida o bastante), sacava o pêndulo

do bolso e todos ficavam ali, como idiotas, atônitos, olhando pra que lado aquele treco iria girar... (supondo que se girasse da esquerda pra direita, ela teria que usar o absorvente do avesso?). Nada convencia o velho escritor chato e teimoso que o movimento do pêndulo nada tinha a ver com campos magnéticos mas sim com o seu mal de Parkinson, de que negava ser portador.

O jacaré empalhado da 1/2 vizinha

Tivemos uma vizinha, na época em que minha mãe resolveu mudar de casa, cansada de se digladiar com as cunhadas — uma presença constante, inoportuna e numerosa na vida de uma filha única, recém-casada. Esta vizinha, uma senhora muito doente, nunca saía de casa: seu contato com o mundo era através da janela do seu quarto, de frente para a rua. E é assim que me lembro dela: debruçada no parapeito da janela, tomando sol ou trocando um "dedo de prosa" com quem por ali passasse. Só conhecia a vizinha da cintura para cima, pressupondo que o resto dela, da cintura para baixo, realmente existisse...

Certo dia, minha mãe e eu voltávamos da feira. Ela jurava que jamais me levaria outra vez porque eu queria tudo o que via. E naquele dia, eu vi uma aranha de borracha que ela acabou me comprando, se eu prometesse parar de chorar. Afinal, não se tratava de uma aranha qualquer: era uma aranha que "saltava" ao meu comando, quando eu apertava uma bombinha de ar que expandia uma língua de sogra de borracha debaixo dela. Uma fascinante obra de engenharia a serviço do entretenimento. Do meu, pelo menos...

E lá estava eu, voltando da feira, feliz da vida com a minha aranha, imaginando o tamanho da inveja que eu ia causar à vizinha quando, de repente, eu o vi: o jacaré!

Tomando sol ao lado dela, no parapeito da janela, havia um lindo jacaré embalsamado com olhos de vidro e um sorriso perene, malevolente. Fiquei olhando encantado, de boca aberta, como se enxergasse com a garganta, aquela maravilhosa obra de taxidermia.

A vizinha então contou orgulhosa que o jacaré era presente de uma irmã que foi passear em Mato Grosso! E eu, que nem sequer irmã tinha!

Minha aranha se reduziu a uma insignificante papa-moscas. Eu estava hipnotizado por aqueles brilhantes olhos de vidro e não conseguia mais pensar em outra coisa. Eu queria o jacaré.

Aquela foi a única vez em que eu vi aquela maravilha. Mesmo quando pedia para vê-lo mais uma vez, a vizinha sempre tinha alguma desculpa... acho que devia ser difícil para ela, a vizinha, se locomover pela casa sem a parte da cintura para baixo.

Mas eu tinha um trunfo nas mangas, com o qual ela não contava: a minha aranha!

Daí por diante a janela da vizinha tornou-se um balcão de troca. Eu usei todo o meu poder de persuasão a fim convencê-la a trocar o seu jacaré empalhado, sujeito a traças e mofo (e de gosto duvidoso, segundo minha mãe), com olhos de vidro sujeitos a riscos, pela minha linda aranha de borracha, novinha, que saltava bem diante dos seus olhos, ao seu comando!

Imagine as horas de diversão que ela teria com seus amigos — presumindo que ela tivesse amigos, e que eles fossem inteiros, naturalmente. Quem, em sã consciência, seria capaz de deixar passar uma oportunidade única destas? Pois ela foi! Refratária aos meus argumentos, nunca concretizou o negócio.

Acabamos nos mudando dali. Minhas tias tinham descoberto o nosso endereço. E tive que me contentar com a minha aranha saltadora até que meu tio Ruy me deu não um, mas dois, DOIS, jacarés: um inflável que

dormia comigo e mal cabia na cama, e outro, de corda, que avançava ameaçadoramente de boca aberta para abocanhar uma borboleta pairando sobre sua cabeça, num ruidoso moto-contínuo, enquanto durasse a corda.

A outra boa notícia foi que a breve trégua entre minhas tias e minha mãe devolveu uma certa privacidade aos meus pais, o que culminou na chegada do meu mais precioso presente: uma irmãzinha!

Bicicleta

Foi no largo que aprendi, com relutância, a andar de bicicleta, porque eu simplesmente não queria. Eu só queria ficar em casa desenhando! E meu pai queria que eu aprendesse porque todos os meninos sabiam andar de bicicleta, menos eu! Um aprendizado, como diria Churchill, "com sangue, suor e lágrimas".

Meu pai me deu uma Triumph, inglesa, tão velho que o próprio Churchill deve ter aprendido a andar naquela. "Feliz da vida" com o meu presente, afinal, era TUDO que eu menos queria –, resolvi pintá-la, para ficar ainda mais bonita e, protelar o quanto pudesse o início do calvário da aprendizagem. Não funcionou por muito tempo: logo meu pai percebeu o meu estratagema (depois da quarta demão de tinta, que levava uma semana para secar), confiscou a tinta e o pincel e delegou ao meu tio Reginaldo, o mais novo dos irmãos, a tarefa de me ensinar a andar na maldita bicicleta.

Esse meu tio Reginaldo era um pau pra toda obra, a quem os irmãos mais velhos convocavam para executar qualquer tarefa que não estivessem, eles próprios, dispostos a fazer. Ele me colocava sentado no selim me dizendo, em vão, para não ter medo. Eu começava a suar. Em seguida, dava um forte empurrão, e eu saía gritando tentando me equilibrar, até bater de frente, como uma bola de boliche, no tapume da igreja que estavam reformando. Esfolava os joelhos, sangrava e chorava, como Churchill profetizou, não necessariamente nessa ordem.

De tanto cair, finalmente aprendi e acabei descobrindo os prazeres que uma magrela podia me dar, quase tanto quanto o de desenhar. Mas acho que ela ficou meio pesada com tantas camadas de tinta...

O parquinho

Atrás do largo, numa ilhota a ele agregada, havia o que chamavam de "o parquinho": na verdade, um jardim da infância mantido pela prefeitura, onde os moradores do bairro deixavam seus filhos em idade pré-escolar. E foi lá que eu tive minha primeira oferta de trabalho: a diretora me pediu que decorasse os vidros do refeitório com meus desenhos. Eu ainda era tão pequeno que uma professora, um pouco mais alta que eu, teve que me segurar no colo para poder alcançar a área a ser pintada. Depois que tive que deixar o parque para ingressar no primário, essa mesma diretora, Dona Aracy, veio me procurar na farmácia do meu pai para me encomendar outro trabalho, este devidamente remunerado, de ilustrar várias cenas da história do Patinho Feio para ser

contada em classe. Nada mal, para um menino de 6 anos, descobrir que poderia viver do que mais gostava de fazer, muito embora meu pai, indiferente a isso, sonhasse que eu fosse, um dia, seguir seus passos na farmácia. O mundo perdeu um péssimo farmacêutico rico, mas, em compensação, ganhou um ótimo desenhista pobre!

Acho que isso se devia à fama que eu já tinha, desenhando com giz no chão de cerâmica vermelha da farmácia. As pessoas formavam uma roda em volta pra ver aquele menino de calças curtas ajoelhado, rabiscando, curiosos para ver o que sairia daqueles traços aparentemente desconexos.

Contam que eu começava uma figura de qualquer lugar: pelos pés, pelo nariz, pelas mãos, sem esboçar e sem apagar, como se as imagens já estivessem ali, mas só eu as pudesse enxergar. Eu ouvia as pessoas comentando:

— Nossa! Este menino é um assombro! Eu não conseguiria fazer isso nem com a mão direita!

Dona Dinda

Dona Dinda era uma senhora negra, professora aposentada, que me ajudava na alfabetização em sua casa caindo aos pedaços, em frente à farmácia. Ela tinha um monte de gatos que andavam soltos e por todo o lugar... até no chão.

Era uma mulher robusta muito amável, culta e de seios fartos, não necessariamente nessa ordem. Quando me abraçava, eu desaparecia no meio deles e quase sufocava naqueles acolhedores volumes que teimavam em tirar das casas os botões do seu suéter de tricô. Meu pai não gostava de Dona Dinda e não fazia muita questão de esconder isso. Ele nunca gostou nem de gatos e nem de sermões. Eu a vi várias vezes falando, de dedo em riste, sobre a forma que eu devia ser educado. Ela via em mim um grande potencial artístico a ser desenvolvido e dizia que ele devia prestar mais atenção a isto. Meu pai baixava a cabeça, sorria encabulado e não dizia nada. Tempos depois, Dona Dinda teve que desocupar o imóvel onde morava há anos para a construção de um estacionamento, e nunca mais a vi. Foi ele que arrematou o lote do qual aquela casa fazia parte.

Tia Nicota

Acho que ninguém teve tantas tias como eu (além de minha irmã, naturalmente) e, exceto por uma ou outra, solteironas em sua maioria.

A mais velha, tia Nicota era a matriarca da família: autoritária, tinha todos os irmãos sob sua tutela, mesmo os casados, incluindo cunhadas e sobrinhos, de maneira a que nada se fazia na família sem que ela estivesse a par e desse sua benção. Todos, indiscriminadamente, tinham por ela respeito. E medo. E isso se devia muito mais ao porte do que a sua baixa estatura que a forçava a empinar o nariz quando se dirigia a alguém mais alto, ou seja, todo mundo. Aos mais baixos, os sobrinhos, ela raramente se dirigia... a menos que fosse para dar um severo pito.

O anúncio de sua visita causava em todos uma certa

apreensão. Um breve olhar seu de reprovação criava uma atmosfera de tribunal da Santa Inquisição. Os sobrinhos, enfileirados, vinham beijar-lhe a mão franzina que mantinha suspensa, como no último ato de *Inês de Castro*, para receber um "Deus te abençoe" tão gelado quanto uma nevasca nos montes Cárpatos ou talvez até mais gelado do que da própria Inês.

Quando se converteu ao Espiritismo, esta minha tia Nicota passou a promover sessões, contando com a involuntária mediunidade de uma outra tia, Auta, um verdadeiro para-raios de espíritos. Alguns deles eram bastante familiares e de presença (presença?) obrigatória nestas sessões: a Irmã Josefa, que aparentemente sabia tudo sobre mercado imobiliário. Tia Cida, apesar de ser a cagona da família, não perdia a oportunidade de consultar a entidade sobre o melhor momento para comprar ou vender algum imóvel que tivesse em vista, o que ela fazia como se troca de meias.

Deduzo que a Irmã Josefa devia gozar de informações privilegiadas de onde estava, já que esses colóquios de "corretagem além-túmulo" sempre acabavam dando certo. Terminada a sessão, reacendiam as luzes e passavam um café fresco para acompanhar os bolinhos de chuva que a empregada tinha acabado de fazer, enquanto tia Cida corria ao telefone para fechar o negócio com o corretor, com o aval sobrenatural da Irmã Josefa.

2 DORM.
120 m2

CINE SÃO JORGE
CINE SÃO JORGE
HOJE
HOJE

Cine São Jorge

O cinema do bairro, por incrível que pareça, não se chamava São José do Maranhão. Acho que Jorge devia ser o nome do dono, ou ele era devoto do santo, ou se inspirou no dragão que ficava na bilheteria. A mulher na cabine tinha a cara daquelas cartomantes de filmes de lobisomem. E ela devia ter uma bola de cristal, porque adivinhava sempre a idade da gente, mentindo para assistir os filmes proibidos para menores.

Como em todo cinema, havia uma *bombonière* que estava sempre às moscas, literalmente falando. Os bombons estavam lá há tanto tempo que o Sonho de Valsa devia se chamar Pesadelo de Polka, escrito em caracteres cuneiformes. O Bis se chamava 14 Bis e vinha com uma figurinha do Santos Dumont, autografada! A pipoca havia sido retirada da vitrine pelo Patrimônio Histórico e fazia parte do acervo do Museu de História Natural. As jujubas eclodiram e os tabletes de Diamante Negro se tornaram diamantes de verdade. O contêiner com a reposição de mercadorias deve ter afundado com o Lusitânia e isso desencorajou o negócio desde então...

Ciente disso, todo mundo comprava suas guloseimas fora, mais frescas e mais baratas. Naquela época ainda não havia esta coisa de prazo de validade. E nem testes carbono-14, como seria no caso.

A sala de projeção era ampla, com assentos de madeira desconfortáveis, mas seguros, porque os ratos não os alcançavam — para sorte deles. O projetor era tão barulhento que todos os filmes que exibia se tornavam, virtualmente, mudos. E as cortinas, um dia vermelhas, tinham tanto mofo que abriam e fechavam sozinhas.

O lanterninha era um sujeito que existia em todas as salas de cinema. Usava um uniforme que parecia farda de mico de realejo e portava uma lanterna para conduzir no escuro os espectadores até o assento e para flagrar casais, que se aproveitavam do escuro para fazer menos do que fazem hoje no claro e a céu aberto. O lanterninha do São Jorge andava durante o filme todo para manter circulando o pouco de sangue que as pulgas lhe poupavam.

Mas apesar de tudo, eu adorava ir lá.

Um dia, voltando da escola, eu vi anunciada a exibição, na última sessão daquela noite, de *O corcunda de Notre Dame*. Era às 22 horas e não conseguiria entrar sozinho, por ser menor de idade. Pedi ao meu pai e ele, suspeitosamente solícito, consentiu em me levar, depois que fechasse a farmácia. Com medo que ele achasse que eu iria me esquecer da sua promessa, passei o resto do dia andando pela farmácia com uma toalha embolada metida nas costas e caminhando torto, como um memorando. E não é que ele cumpriu? Chegamos ao cinema pouco antes de começar a sessão, e ele ainda me comprou um tablete de chocolate de uma gárgula de cabelo grená, que atendia na *bombonière*. Foi lindo o filme, e inesquecível o gesto!

Cinema foi sempre a minha primeira e mais duradoura paixão à primeira vista. Uma paixão apreendida e compartilhada com minha avó materna, Adelaide, que me falava sobre a sua paixão

pelo cinema e o bem que lhe fazia, oferecendo uma fuga momentânea de uma realidade dura que a aguardava do lado de fora, naqueles tempos bicudos da guerra na Europa.

Era um templo em preto e branco de culto ao belo, ao sonho, que servia de guarida em uma realidade cheia de medo, de sofrimento e de dor. Espero que a humanidade, com toda sua tecnologia, não recrudesça nunca a ponto de se tornar refratária aos seus encantos.

A realidade é muito rude, injusta e aborrecida.

Externato Paulista

Fiz o curso primário na mesma escola que meu pai estudou. E com as mesmas professoras: Dona Alzira e Dona Aurélia! A escola se chama Externato Paulista, cujo slogan era: "entra burro, sai artista!" e ficava próxima da farmácia. Muito próxima! Desconfortavelmente próxima! Às vezes, Dona Alzira passava por lá prá comprar batom ou pó de arroz que usava, em vão, aos montes. Eu observava Dona Alzira dobrando seu jaleco para guardá-lo na bolsa, de lá sacar uma latinha de pó de arroz e arrumar o cabelo, antes de voltar para casa. Quem a visse naqueles gestos delicados não podia suspeitar da fera que se tornava às vezes, quebrando réguas de madeira na cabeça dos mais levados da classe... Um milagre o meu coleguinha de classe, Léo, não ter tido "achatamento craniano" durante o ano letivo.

O externato tinha um sistema de pontuação de comportamento e aproveitamento por sinais gráficos: tínhamos nossos nomes escritos no canto do quadro-negro, onde pontinhos eram somados ou cruzinhas eram subtraídas da nota final de cada aluno a cada mês.

De tão levado, o nome do Léo tinha o nome acompanhado de tantas cruzinhas, que elas subiam pela moldura de madeira da lousa para ganhar as paredes pintadas de verde, por absoluta falta de espaço.

Mas a melhor hora da escola, senão a única boa, era a do recreio! Eu cheguei a esquecer a minha mala, mas nunca, jamais, a lancheira.

Melhor ainda que a hora do lanche era a de ir embora. Era só atravessar a rua e já estaria na calçada da farmácia, onde meu pai me esperava para irmos almoçar em casa. Mas eu sempre dava a volta maior do quarteirão para passar na loja de brinquedos na esquina e ver o que estava em cartaz no cinema, o Cine São Jorge, do outro lado da avenida. E meu pai não conseguia entender porque eu demorava tanto...

Festas de aniversário

Aniversários eram eventos que mobilizavam quase todas as tias, num mutirão de pelo menos três dias.

Recrutadas com antecedência por telefone, elas começavam a surgir dos quatro cantos, com malas cheias de mudas de roupa, travesseiros e ruidosas sacolas cheias de forminhas, travessas, assadeiras, que mais pareciam instrumentos de percussão.

Cada uma se encarregava de um quitute do qual era sua especialidade: empadinhas e salgadinhos de forno com uma, queijadinhas com outra, bons-bocados com uma terceira, brigadeiros, bolo, o diabo!

Eram pelo menos três longos dias de "agito e ovo frito", já que ninguém iria parar o que estava fazendo

para fazer almoço ou jantar. A cozinha enorme ficava apertada a ponto de não se ter onde pousar um copo. Batedeira disputando tomada com o liquidificador, assadeiras empilhadas até o teto, forminhas untadas em profusão, tudo numa neblina de farinha e fumaça digna da Scotland Yard.

Aventais de todas as formas e cores, ora molhados em frente à pia, (uma luta inglória, nunca vazia), ora torrando em frente ao forno — sempre aceso e sob eterna vigilância. Todas as tias sempre rindo. mas quase nunca de uma mesma coisa, porque falavam ao mesmo tempo.

Elas não percebiam, mas a festa já tinha começado...

Esta publicação foi composta com
as tipografias Chronicle Text para textos
e Gotham para títulos. Com tiragem de
1500 exemplares, a coletânea foi impressa
em offset sobre papel Alta Alvura 120g/m²
(miolo) e Triplex Premium 250g/m²
(capa e luva), durante a primavera de 2014
pela Stilgraf, em São Paulo.